CIENCIA ABIERTA
Las mujeres en la botánica

Escrito por Mary Wissinger
Ilustrado por Danielle Pioli

Science, Naturally!
Un sello de Platypus Media, LLC
Washington, D.C.

¿Qué hay dentro de una semilla?

Dicotiledónea

Monocotiledónea

Embrión

Endospermo

Cotiledón

Cotiledón

Cotiledón

Nutrientes

Tegumento

Dentro de una semilla hay una planta que espera nacer. Desde las más pequeñas flores hasta los árboles más altos, la mayoría de las plantas nacen de semillas.

Un tegumento mantiene a la semilla protegida y segura. En el interior, la planta bebé, llamada embrión, se alimenta con los nutrientes necesarios para que la planta germine.

Waheenee observó las semillas. Ella tenía la importante tarea de cultivar los alimentos para su familia y contribuir a la alimentación de su comunidad.

Sabía exactamente cuándo era el mejor momento para la siembra de girasoles en primavera. Hizo germinar semillas de calabaza en una mezcla de hierbas y hojas antes de sembrarlas en el campo. Durante el otoño almacenó suficientes granos de maíz para dos temporadas de siembra, por si una de las cosechas no resultaba buena.

Mientras Waheenee cuidaba sus cultivos, las semillas iban transformándose en plantas que alimentaban a muchas personas. Incluso después de que ella y su pueblo fueron expulsados de su tierra natal, Waheenee siguió empleando métodos de siembra tradicionales transmitidos de generación en generación. En libros escritos sobre su vida, ella contó la historia de su pueblo y de sus métodos de siembra. Al igual que ella, nosotros también dependemos del crecimiento de las semillas, que se transforman en frutos, vegetales y granos que comemos a diario.

¿Cómo una semilla se convierte en una planta?

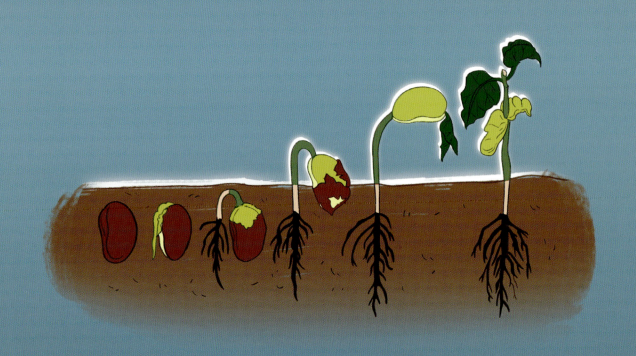

Una semilla necesita de pocas cosas para convertirse en una planta: agua, luz, la temperatura adecuada y espacio para crecer. Cuando la semilla está lista para crecer echa raíces en la tierra. Entonces un tallo crece hacia la luz y puedes ver la planta cuando los brotes salen de la tierra.

Hay plantas que crecen fácilmente en jardines y granjas de cultivos. Pero otras crecen mejor silvestres. Cuando Elizabeth Coleman White era joven, los arándanos solo crecían silvestres en los bosques. A menudo era difícil hallarlos.

Elizabeth soñaba con todo un campo de arándanos que pudiera recolectar con facilidad. Parecía imposible. Mucha gente había tratado de sembrar arándanos en granjas de cultivos y no lo habían conseguido.

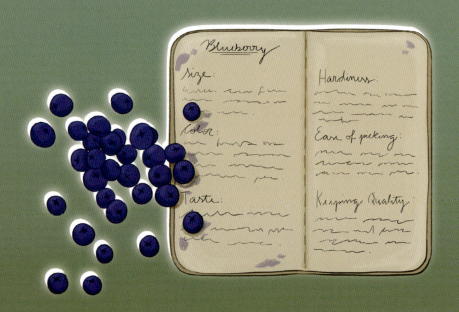

Elizabeth se valió de la botánica —el estudio científico de las plantas— para realizar su sueño. Plantó arbustos de arándanos en suelos que ella y su compañero de investigación habían preparado especialmente. Después de trabajar duramente, ¡descubrió cómo sembrar arándanos en una granja! Los vendió en mercados, envió esquejes de los arbustos a todas partes y llegó a ser conocida como la Reina de los Arándanos. Gracias a la persistencia de Elizabeth actualmente los arándanos se cultivan y se comen en todo el mundo.

Elizabeth Coleman
(Elisabet Colman)
Estados Unidos, 1871–1954

Nosotros comemos plantas, pero ¿qué comen las plantas?

Las plantas producen su propio alimento a través de un proceso llamado fotosíntesis.

Las plantas tienen un pigmento o color que las hace verdes. Se llama clorofila y absorbe la energía de la luz solar. La planta utiliza esa energía para combinar el agua y el dióxido de carbono, que produce alimento. La fotosíntesis también produce oxígeno, el cual se libera a través de las hojas de las plantas. Ese oxígeno constituye una parte importante del aire que respiramos.

Una de las principales razones por las cuales los botánicos viajan alrededor del mundo estudiando la vida de las plantas es el increíble proceso de la fotosíntesis.

Ynés Mexía tenía 51 años cuando inició su búsqueda de plantas por todo el mundo. Ella estaba decidida a recolectar plantas, aunque tuviese que cruzar un pantano, descender en canoa un río o vivir a la intemperie muchos meses. Nada ponía freno a su pasión: ¡continuó sus expediciones incluso después de haberse caído desde un acantilado!

Mexianthus mexicanus
Recogido el dic. 1, 1926

Ynés tenía una excelente memoria que le permitía reconocer con rapidez nuevas plantas. Recolectó aproximadamente 150 000 especies de plantas para estudiarlas. Cuando muchos sueñan con descubrir al menos una nueva especie, Ynés descubrió nada menos que 500 nuevas especies, muchas de las cuales llevan su nombre. Su obra, que fue añadida al sistema de Linneo, nos proporcionó un mejor conocimiento de las plantas.

¿Qué es el sistema de Linneo?

Del mismo modo que en una biblioteca se clasifican los libros, el sistema linneano clasifica todas las formas de vida en la Tierra otorgándole un nombre científico a cada planta descubierta. También funciona como un árbol genealógico, mostrándonos las relaciones entre las plantas.

Se han hallado cerca de 400 000 especies de plantas en la Tierra hasta el momento y pueden estar llenas de sorpresas.

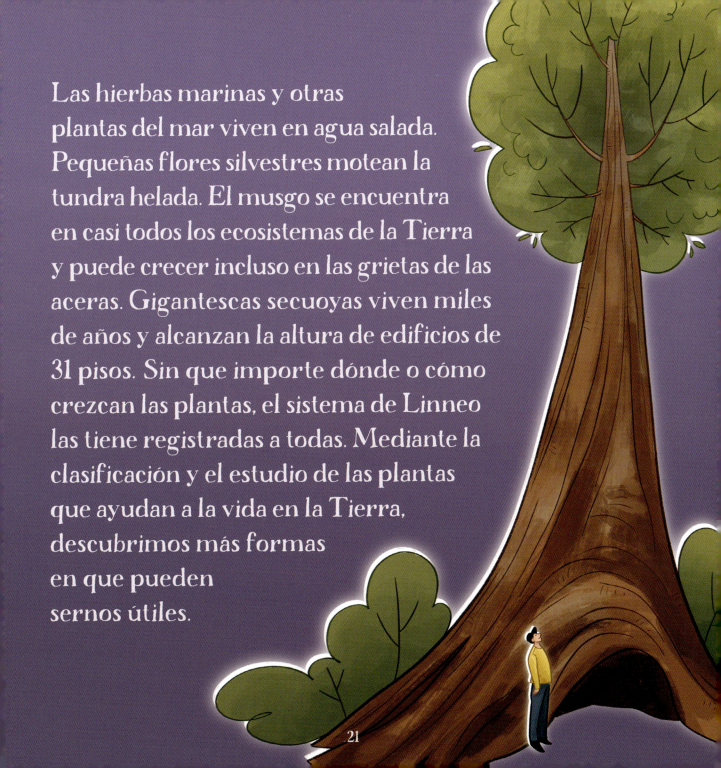

Las hierbas marinas y otras plantas del mar viven en agua salada. Pequeñas flores silvestres motean la tundra helada. El musgo se encuentra en casi todos los ecosistemas de la Tierra y puede crecer incluso en las grietas de las aceras. Gigantescas secuoyas viven miles de años y alcanzan la altura de edificios de 31 pisos. Sin que importe dónde o cómo crezcan las plantas, el sistema de Linneo las tiene registradas a todas. Mediante la clasificación y el estudio de las plantas que ayudan a la vida en la Tierra, descubrimos más formas en que pueden sernos útiles.

¿Cómo nos ayudan las plantas?

Las plantas nos aportan muchas cosas: aliementos, agua, colorantes, protección contra las inclemencias del tiempo, suelos sanos, sombra e incluso medicinas.

Hubo un tiempo, muchos años atrás, en el que los jardines del palacio de Loredana Marcello estaban llenos de hermosas plantas. Ella hizo experimentos con las plantas y las usó como medicina verde. Cuando los habitantes de la ciudad donde vivía enfermaron gravemente durante la epidemia de la peste, las medicinas de Loredana aliviaron sus males.

En la época de Loredana las hierbas medicinales eran de las pocas medicinas disponibles. A veces se hervían en agua para que el enfermo las tomara. También se podían secar, triturar y mezclar con grasas para hacer ungüentos. Algunos remedios tradicionales todavía se usan, como el jengibre para el dolor de estómago o el aloe vera para quemaduras de sol.

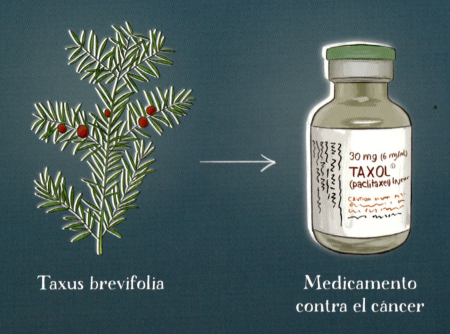

Taxus brevifolia → Medicamento contra el cáncer

Las medicinas modernas tienen un aspecto diferente a las de Loredana, pero muchas de ellas siguen siendo de origen vegetal. Hay plantas que se utilizan para producir medicinas que bajan la fiebre, calman la tos, alivian dolores, curan heridas, combaten infecciones e incluso en el tratamiento contra el cáncer. Actualmente los botánicos les siguen encontrando nuevos usos a las plantas e incluso crean nuevas plantas.

¿Cómo crean los botánicos nuevas plantas?

La Dra. Janaki Ammal estuvo muchos años creando nuevas plantas llamadas híbridos. Hacer combinaciones de diferentes variedades de plantas puede ser difícil, pero ella disfrutaba trabajando en el laboratorio. Incluso tenía una ardilla que la acompañaba.

La Dra. Janaki se enfrentó a un gran reto: crear un híbrido de caña de azúcar que pudiera cultivarse en la India. Lo intentó muchas veces, hasta que tuvo éxito. El nuevo híbrido de caña de azúcar que ella creó era más dulce y sigue siendo muy popular en la India.

Años después, la Dra. Janaki dirigió el Instituto Botánico de la India. El proyecto tenía el propósito de documentar y estudiar cada tipo de planta en el país. Era una tarea inmensa: la India mide más de un millón de millas cuadradas (eso equivale a aproximadamente 3 millones de kilómetros cuadrados). Recorrió el país buscando plantas. También luchó para proteger las plantas y preservar áreas naturales del desarrollo moderno.

¿Por qué es importante proteger las plantas?

Las plantas son importantes para conservar en la Tierra un medio ambiente saludable. Les dan hogar a los animales, hongos, insectos y a muchos de seres vivos que sostienen los delicados ecosistemas de nuestro planeta. Si una parte del medio ambiente sufre, las otras también sufren.

La Dra. Wangari Maathai observó lo que sucedía cuando se talaban demasiados árboles en la selva tropical. El suelo se secaba y la gente no podía cultivar la cantidad suficiente de alimentos. Los animales perdían sus refugios y sus fuentes de alimento. El agua de los ríos se evaporaba por el calor del sol.

La Dra. Wangari inició el Movimiento del Cinturón Verde para cambiar las cosas. Ella les enseñó a las mujeres en Kenya a sembrar árboles, y después las remuneraron por plantar árboles en todo el país. Cuando los árboles crecieron, el suelo sanó y se pudo cultivar nuevamente. Los animales volvieron a estar a salvo y la sombra de los árboles permitió que los ríos volvieran a fluir. La Dra. Wangari también impartió clases para fortalecer y proteger las pequeñas comunidades que dependían de los árboles.

No todos querían que la Dra. Wangari se pronunciase sobre el medio ambiente o luchara por los derechos humanos. Incluso fue arrestada, pero siguió plantando árboles. Por su trabajo, que transformó nuestro mundo, la Dra. Wangari obtuvo un premio especial llamado Premio Nobel de la Paz. Actualmente el Movimiento del Cinturón Verde que ella inició ha sembrado más de 50 millones de árboles y mejorado la vida de mucha gente.

¡Los árboles nos dan tantas cosas!

Sí. Las plantas son poderosas. Hacen posible la vida en la Tierra. Alimentan a nuestras comunidades, mejoran nuestra salud, dan refugio y nutren a los animales, curan y protegen el medio ambiente y embellecen nuestro mundo.

Denles a las plantas espacio para crecer y ocurrirán cosas increíbles. Solo se necesita un puñado de semillas.

Glosario

BOTÁNICA: Estudio científico de las plantas que incluye dónde han sido halladas y cómo interactúan con su medio; así como también cuál es su tamaño, estructura, clasificación y usos.

CLOROFILA: Pigmento que da el color verde a las plantas. Absorbe la energía de la luz del sol.

COSECHA: Recolección de frutos o vegetales cuando están listos para ser usados o ingeridos.

COTILEDÓN: Parte de la semilla que almacena nutrientes para el embrión y que se transforma en las primeras hojas de la planta. Los cotiledones suelen ser llamados "hojas de semillas".

DICOTILEDÓNEA: Tipo de semilla, semejante a un frijol, que tiene dos cotiledones.

DIÓXIDO DE CARBONO: Gas producido por los seres humanos y otros seres vivientes al espirar. Lo usan las plantas durante la fotosíntesis para producir nutrientes.

ECOSISTEMA: Comunidad de organismos vivos en un hábitat en el que interactúan y dependen unos de los otros.

ENDOSPERMO: Parte de la semilla que almacena nutrientes para el embrión. En una dicotiledónea, el endospermo es absorbido por los cotiledones; en una monocotiledónea, está separado.

EMBRIÓN: Parte de la semilla que se desarrolla hasta convertirse en una planta.

EPIDEMIA: Propagación rápida de una enfermedad infecciosa que pone en peligro la vida de un gran número de personas.

ESQUEJES: Secciones de una planta de las que pueden nacer otras plantas.

ESTAMBRE: Parte de la flor que produce polen.

FOTOSÍNTESIS: Proceso mediante el cual las plantas crean su propio alimento a partir de dióxido de carbono, agua y luz solar.

GERMINAR: Crecer produciendo brotes o retoños.

MONOCOTILEDÓNEA: Tipo de semilla semejante a un grano de maíz, que tiene un cotiledón.

NUTRIENTES: Lo que todos los seres vivos necesitan ingerir o absorber para crecer y sobrevivir.

OXÍGENO: Gas que los seres humanos y otros seres vivientes necesitan para sobrevivir. Se libera por las plantas a la atmósfera durante la fototosintesis.

PIGMENTO: Sustancia natural que crea el color.

PISTILO: Parte de la flor que crea semillas. También atrapa al polen para usarlo en el proceso de la germinación de las semillas.

PLANTA HÍBRIDA: Combinación de dos o más variedades, especies o géneros de plantas.

RAÍCES: Parte de la planta que se mete bajo tierra para absorber agua y nutrientes.

SELVA TROPICAL: Denso ecosistema tropical con grandes árboles y donde llueve mucho. Hogar de algunas de las plantas y animales más raros del mundo.

SEMBRAR: Plantar o esparcir semillas para cultivar.

SISTEMA DE LINNEO: Forma de clasificar a los seres vivos en grupos, basada en sus características comunes.

TEGUMENTO: Cubierta externa de la semilla que protege al embrión de la planta.

Ciencia abierta: Las mujeres en la botánica
Copyright © 2023 Genius Games, LLC
Original series concept by John J. Coveyou

Written by Mary Wissinger
Illustrated by Danielle Pioli
Translated by Eida de la Vega
Spanish-language editing by Andrea Batista

Published by Science, Naturally!
Spanish paperback first edition • September 2022 • ISBN: 978-1-938492-97-6
Spanish eBook first edition • September 2022 • ISBN: 978-1-958629-00-0

Also available in English:
English hardback first edition • September 2022 • ISBN: 978-1-938492-58-7
English paperback first edition • September 2022 • ISBN: 978-1-938492-59-4
English eBook first edition • September 2022 • ISBN: 978-1-938492-60-0

Enjoy all the titles in the series:
　　Women in Biology • Las mujeres en la biología
　　Women in Chemistry • Las mujeres en la química
　　Women in Physics • Las mujeres en la física
　　Women in Engineering • Las mujeres en la ingeniería
　　Women in Medicine • Las mujeres en la medicina
　　Women in Botany • Las mujeres en la botánica

Teacher's Guide available at the Educational Resources page of ScienceNaturally.com.

Published in the United States by:
　　Science, Naturally!
　　　　An imprint of Platypus Media, LLC
　　750 First Street NE, Suite 700 • Washington, D.C. 20002
　　202-465-4798 • Fax: 202-558-2132
　　Info@ScienceNaturally.com • ScienceNaturally.com

Distributed to the trade by:
　　National Book Network (North America)
　　　　301-459-3366 • Toll-free: 800-462-6420
　　　　CustomerCare@NBNbooks.com • NBNbooks.com
　　NBN international (worldwide)
　　　　NBNi.Cservs@IngramContent.com • Distribution.NBNi.co.uk

Library of Congress Control Number: 2022947412

10　9　8　7　6　5　4　3　2　1

The front cover may be reproduced freely, without modification, for review or non-commercial, educational purposes.

All rights reserved. No part of this publication may be reproduced or transmitted in any form or by any means, electronic or mechanical, including photography, recording, or any information storage and retrieval system, without permission in writing from the publisher. Front cover exempted (see above).

Printed in China.